L'AMOUR A DES

RIDES

LISA MCLEAN

Dédié à Ethan, qui a la chance d'avoir des grand-mères
formidables, qui l'ont aimé.

Et à Alex, qui a consacré son été à prendre les photos
pour faire de ce rêve une réalité.

Je connais un endroit où quelqu'un de spécial m'attend.

Ma grand-mère m'attend, un sourire et la gentillesse aux yeux.

Une grand-mère pourrait être la maman de ta maman,

ou la maman de ton papa.

Ou elle pourrait même être une
amie plus âgée et plus sage,
qui est devenue une partie
de ta famille.

On peut appeler nos
grand-mères mamie, mémé.

Cependant, toutes nos
grand-mères partagent des
traits qui les rendent
irremplaçables.

Des fois elle a la peau ridée et
douce, et elle a les cheveux gris.

Des fois elle ne sort pas souvent de sa maison. Et des fois elle est moins robuste et forte que moi.

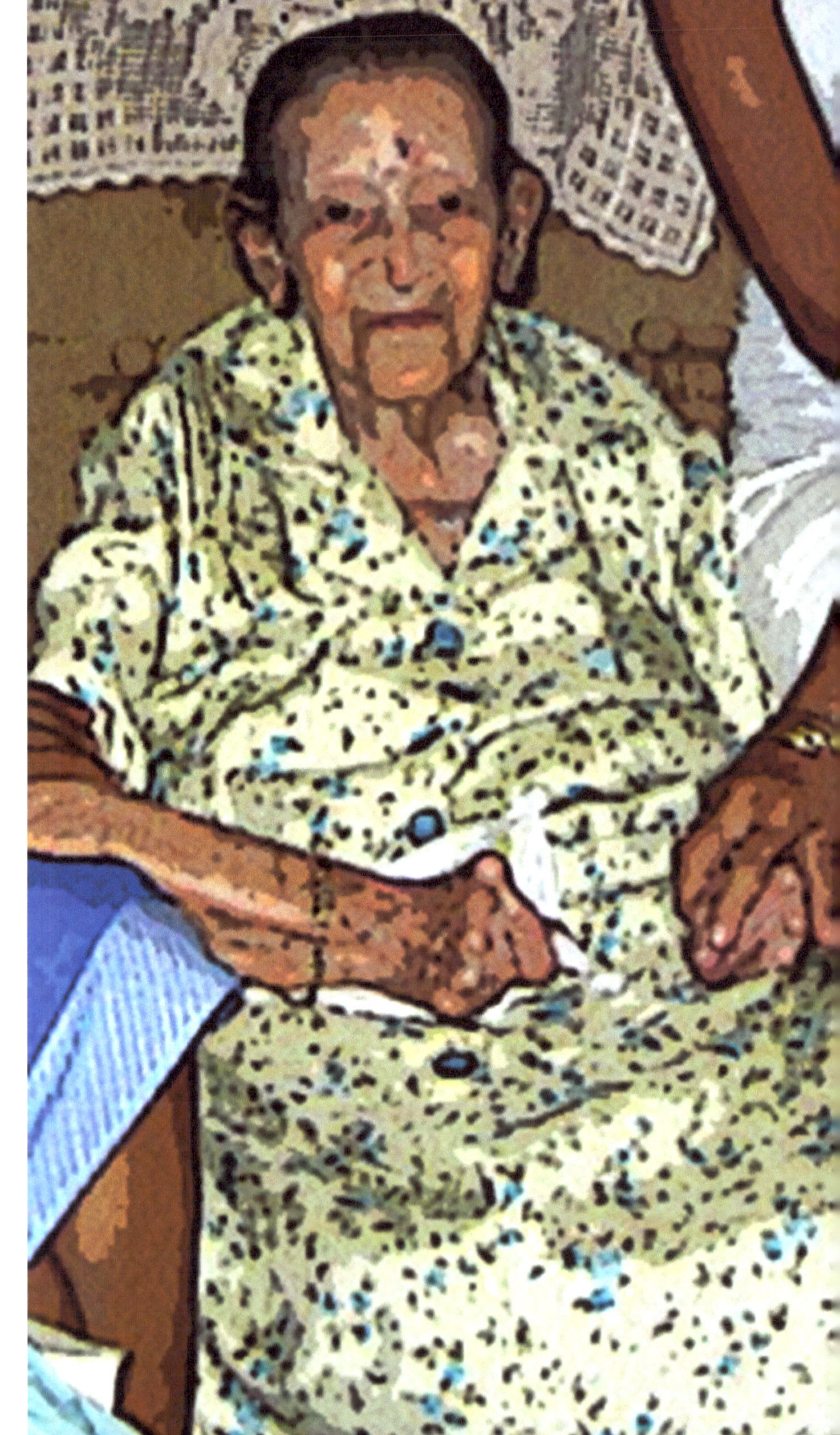

Quelquefois je suis obligé de crier
très fort, pour qu'elle m'entende.

Mais ma grand-mère me connaît très bien …

Elle enlève les croûtes de mes sandwichs, elle me prépare une bouillie de farine de maïs, miam miam.

Elle rit
même
quand je
m'approche
d'elle à pas
de loup
et la
surprends.

Ma mamie se souvient des choses mieux que personne. Des choses comme faire ses devoirs à la lumière d'une lampe à pétrole...

...Ou comment était la vie avant les ordinateurs.

Elle m'apprend à soigner des fleurs dans son jardin.

Ma mamie est toujours contente de passer du temps avec moi. Que ce soit pour rire de mes blagues, pour m'embrasser, ou pour jouer au frisbee dans le jardin.

Le plus important, c'est qu'elle connaît toutes les histoires familiales. Les histoires de maman qui adorait danser quand elle avait cinq ans, et papa qui voulait toujours rester à la maison pour jouer avec ses chiens au lieu d'aller à l'école.

Elle est le
fil qui nous
attache tous.

Moi j'ai beaucoup de chance.
J'ai une grand-mère et une
arrière-grand-mère.
Et toi?

www.ingramcontent.com/pod-product-compliance
Lightning Source LLC
Chambersburg PA
CBHW042126110726
48006CB00003B/777